DÉPARTEMENT D'ALGER

HYGIÈNE PUBLIQUE

ANNÉE 1910

RAPPORT GÉNÉRAL SUR LES VACCINATIONS

Rapport général sur les Épidémies

RAPPORT GÉNÉRAL SUR LES TRAVAUX

DU CONSEIL DÉPARTEMENTAL D'HYGIÈNE

ALGER
IMPRIMERIE ADMINISTRATIVE VICTOR HEINTZ
41, Rue Mogador, 41

1911

DÉPARTEMENT D'ALGER

HYGIÈNE PUBLIQUE

ANNÉE 1910

RAPPORT GÉNÉRAL SUR LES VACCINATIONS

Rapport général sur les Epidémies

RAPPORT GÉNÉRAL SUR LES TRAVAUX
DU CONSEIL DÉPARTEMENTAL D'HYGIÈNE

ALGER
IMPRIMERIE ADMINISTRATIVE VICTOR HEINTZ
41, Rue Mogador, 41

1911

RAPPORT GÉNÉRAL

SUR LES

VACCINATIONS ET REVACCINATIONS

pratiquées dans le Département d'Alger

PENDANT L'ANNÉE 1910

RAPPORT

PRÉSENTÉ

par M. le Docteur RAYNAUD,

Chargé du Contrôle du Service des Vaccinations

Monsieur le Préfet,

J'ai l'honneur de vous adresser un rapport sur l'ensemble des vaccinations pratiquées dans le département d'Alger (territoire civil) pendant l'année 1910.

Tout d'abord, je dois vous signaler qu'un certain nombre de Communes n'ont pas fourni d'état de vaccinations et que, d'autre part, dans quelques-unes les vaccinations n'ont pas été faites, ainsi qu'on peut s'en rendre compte en consultant les tableaux ci-annexés. Dans la plupart des localités où les vaccinations ont été tardivement pratiquées en 1909, on n'a pas convoqué la population en 1910. Si certains états n'ont pas été fournis, les raisons données en sont : 1° Changement de médecin en pleine période de vaccination ; 2° Non présentation de liste ou d'état d'indemnité par des médecins qui ont vacciné chez eux, ou dans les lieux de convocation, sans vouloir être indemnisés.

L'attitude de la population est extrêmement variable, et dépend à la fois de l'influence du médecin et de l'activité que montrent les Autorités locales pour les convocations et les poursuites. Je n'ai trouvé aucune trace de procès-verbal, pas plus pour les vaccinations que pour les revaccinations, et cependant si les premières sont acceptées avec facilité (les enfants étant opérés dans les écoles, et autres groupements dont les chefs tiennent la main à l'application de la loi), il n'en est pas de même des revaccinations pour lesquelles les médecins signalent un gros déchet, en ce qui concerne surtout les Européens.

En général, les listes des assujettis ne sont pas préparées, et c'est à peine si dans certaines Communes un Agent local accompagne le Médecin pour inscrire à mesure, au moment des opérations officielles, les noms des gens opérés. Il faut dire à la décharge des Secrétaires de Mairie, que ceux-ci sont de plus en plus débordés par les travaux administratifs de toutes sortes auxquels donnent lieu toutes les Lois sociales nouvellement appliquées.

Il serait équitable de prévoir au besoin une indemnité pour ces modestes Agents communaux, ou tout au moins des gratifications de fin d'année à ceux qui auraient, par leur activité, triomphé de l'apathie des populations et entraîné un grand nombre d'habitants à se conformer à la Loi.

Si les Médecins font depuis plusieurs années des efforts très louables, qui ont eu pour résultat la suppression dans beaucoup de centres d'épidémies de variole se traduisant par de nombreux décès, il faut reconnaître que l'indemnité qui, actuellement, leur est allouée, dans bien des cas, est inférieure aux frais de déplacement et de séjour entraînés par leurs tournées de vaccination. Du reste, la Commission supérieure d'hygiène instituée auprès du Gouverneur général, s'est préoccupée de la question, et une Sous-Commission étudie, en ce moment, s'il serait possible d'apporter dans l'ensemble de la Colonie des modifications au régime des vaccinations tel qu'il a été institué par les Conseils généraux, régime qui a donné lieu à des observations justifiées dans les trois départements. Je n'insisterai donc pas dans ce rapport sur toutes les autres observations auxquelles donne lieu le règlement des vaccinations du Département d'Alger.

Le vaccin employé provient de l'Institut Pasteur d'Alger, sauf dans deux Communes dont les Médecins se sont adressés à l'Institut de Tours. Les résultats ont été satisfaisants, excepté le n° 24 qui n'a donné lieu à aucune réaction. (Douéra.)

En raison de l'insuffisance des renseignements fournis, les tableaux présentés dans ce rapport donnent le chiffre global des succès et insuccès des vaccinations et revaccinations fondues ; il y aura lieu l'année prochaine de bien séparer les résultats de ces deux opérations distinctes, de façon à apprécier plus exactement la valeur du vaccin selon la région, l'époque, la température et la race.

Chiffre des opérations. — Il y a eu, en 1910, un total de 152.515 vaccinations et revaccinations portant sur 12.892 Européens et 137.351 Indigènes ; on remarque que les femmes musulmanes sont venues en assez grand nombre, 24.284 contre 28.786 hommes et 84.281 enfants.

Il faut noter que la campagne de 1910 est la seconde année de la vaccination obligatoire ; que le chiffre de 1909 avait été très élevé, et que depuis longtemps, les tournées de vaccination avaient été très actives ; une grande partie de la population se trouve vaccinée, et on peut estimer que les années à venir seront des années d'entretien.

On trouvera dans les tableaux les observations particulières se rapportant à chaque localité. Le contrôle administratif, institué depuis peu auprès de l'Administration préfectorale, pourra très utilement faire de la pression sur les Communes qui auront montré un peu de relâchement dans l'application de la Loi ; et il n'est pas douteux, avec le groupement de tous les bons vouloirs et le dévouement des Médecins tendant à pénétrer les populations de l'utilité des vaccinations, que la variole ne soit sous peu rayée du nombre des maladies endémiques les plus graves de la Colonie.

Le Délégué départemental d'Hygiène,

Dr RAYNAUD.

I. — Arrondissement d'Alger

COMMUNES	POPULATION totale	Personnes vaccinées et revaccinées — Européens	Indigènes — Hommes	Indigènes — Femmes	Indigènes — Enfants	TOTAL	Succès	Insuccès	Inconnus	OBSERVATIONS
Ville d'Alger	145.280	2 588			324	2.912	1.469	1.357	86	Pas trace au dossier de vaccination sur les Européens sauf aux écoles. Le pourcentage des refus malgré l'application de la loi sur la vaccination est passé de 9,9 % à 13,8 % pour les garçons et de 14 à 15,8 % pour les filles.
Aumale (p. e.)	6 069		7	20	100	127	66	61		Pas de liste concernant les européens.
Aumale (m.)	42.669		2.335	15	399	2.749	741			Les succès et insuccès ne formant pas le total des opérations, il n'est pas possible d'indiquer un chiffre. Le docteur Bonfils se plaint du mauvais vouloir des indigènes.
Arbatache	3.494									Les vaccinations n'ont pas été effectuées.
Alma	4 384	195	319	347	689	1.550	345	1.205		
Aïn-Bessem (m.)	32.668	33	853		1.742	2.628	1 634	994		Les femmes indigènes n'ont pas été vaccinées.

COMMUNES	POPULATION totale	Européens	Hommes	Femmes	Enfants	TOTAL	Succès	Insuccès	Inconnus	OBSERVATIONS
Bir-Rabalou	7.210	2	50	14	245	311	21	281		
Boufra	7.581	89			131	220	185	84		
Beni-Mansour(m.)	23.322	24	5.316	3.946	3.986	13.272	12.176	1.096		
Gouraya (p. e)	4 710	30		20	487	537	420	117		M. le docteur Massonnet signale le peu d'empressement des indigènes pour la revaccination.
Gouraya (m.)	12.203	30	33		1.875	1.938	1.726	212		
Palestro (p. e)	4.675	52	100	15	45	212	183	29		
Palestro (m.)	44 668									Résultats 1910 manquent.
Foudouk	5.230									Les vaccinations n'ont pas été effectuées.
Rouïba	3.632									Les vaccinations n'ont pas été effectuées.
Attatba	1.880					111	22	89		Il n'est pas fait mention des européens qui probablement ont été compris dans les chiffres d'ensemble.
Birkadem	2.611	33	15	12	203	230	194	36		
Birmandreïs	2.213	10				10	7	3		Les indigènes n'ont pas été vaccinés.
Souma	5.176				236	236	167	69		Pas mention d'européens.
Boufarik	9.984	86			56	142	89	53		

I. — Arrondissement d'Alger (Suite)

COMMUNES	POPULATION totale	Personnes vaccinées et revaccinées : Européens	Indigènes : Hommes	Indigènes : Femmes	Indigènes : Enfants	TOTAL	Succès	Insuccès	Inconnus	OBSERVATIONS
Sidi-Aïssa (m.)...	26.662	123	1.124	1.456	2.035	4.798	2.428	2.370		
Tefeschoun......	1.473	53			24	77	56	21		
Bérard........	803	36			62	98	72	26		
Castiglione.......	2.025	461	3	7	19	490	351	139		
Beni-Mered	589	31				31	31			Pas d'indigènes vaccinés et revaccinés.
Aïn-Taya.........	2.463	205			342	547	103	444		
Staouéli.........	1.614	180				180	151	29		
Cheragas	3.132	243			69	312	132	280		
Novi............	854	19			33	52		52		Aucun succès.
Cherchell........	9.919	69			199	268	47	221		

COMMUNES	POPULATION totale	Européens	Hommes	Femmes	Enfants	TOTAL	Succès	Insuccès	Inconnus	OBSERVATIONS
Bouïnan.........	3.698	28			403	431	343	88		
Boufarik (partie).		108			69	177	75	102		
Douéra........	4.217	95			51	146	105	41		
El-Achour	439	7				7	4	3		
Draria	1.718	2			43	45	45			
Baba-Hassen.....	718	114			7	121	22	99		M. le docteur Babllée déclare que le vaccin n° 34 n'a donné aucun résultat.
Crescia	1.288	46	8	1	100	155	68	87		
Mahelma.........	1.597	74			22	96	78	18		
Ameur-el-Aïn.....	2.272	180				180	81	99		
Birtouta..........	2.270									Les vaccinations n'ont pas été effectuées.
St-Ferdinand.....	845	56			9	65	6	59		M. le docteur Babllée signale les mauvais résultats des revaccinations.
Saoula	1.576	58				58	32	26		La liste concernant les indigènes manque.
Chebli...........	2.985					238	180	58		Les listes concernant les européens et indigènes manquent.
El-Biar...........	3.853	34				34	28	6		Pas d'état concernant les indigènes.

I. — Arrondissement d'Alger (Suite)

COMMUNES	POPULATION totale	Personnes vaccinées et revaccinées: Européens	Indigènes: Hommes	Indigènes: Femmes	Indigènes: Enfants	TOTAL	Succès	Insuccès	Inconnus	OBSERVATIONS
Bouzaréa	2.262	10				10	7	3		Pas d'état concernant les indigènes.
Guyotville	3.496	822			15	837	313	524		
Ouled-Fayet	1.154	274			106	380	236	144		
Zéralda	1.375	221			41	262	180	82		
Marceau (Gouraya m.)	12.199	15				2.563				Les tournées de révision n'ayant pas été effectuées les résultats sont inconnus.
Kouba	2.906	100			26	126	86	40		
Koléa	5.805	1			115	116	102	14		
Douaouda	653	8				8	8			
Oued-el-Alleug	4.060									Les vaccinations n'ont pas été effectuées.
Tablat (m.)	45.860									Les vaccinations n'ont pas été effectuées.
Fouka	1.242	45			7	52	35	17		
Maison-Carrée	7.280	513	165	35	352	1.065	711	354		
Fort-de-l'Eau	2.884	279				279	61	218		Pas d'état concernant les indigènes.
Mouzaïaville	5.074	113			98	211	110	101		
La Chiffa	3.156	33			41	74	53	21		
Marengo (annexe de Montebello)	1.240	17	7	15	109	148	93	55		
Bourkika	2.035	30	25	20	49	114	81	33		
Tipaza	2.725	49	29	28	191	297	248	49		
Meurad	4.808	37			115	152	107	45		
Menerville	8.700	241			83	324	85	239		
Félix-Faure	4.789	23			187	210	200	10		
Dely-Ibrahim	747									Les vaccinations n'ont pas été effectuées.
Hussein-Dey	5.716	203				203	141	62		
Courbet	2.827	19			14	33	26	7		
Rovigo	8.787	53			27	80		80		

1. — Arrondissement d'Alger (Suite)

COMMUNES	POPULATION totale	PERSONNES VACCINÉES ET REVACCINÉES — Européens	Indigènes — Hommes	Indigènes — Femmes	Indigènes — Enfants	TOTAL	Succès	Insuccès	Inconnus	OBSERVATIONS
St-Eugène	4.785	84			4	88	32	56		
Maison-Blanche	1.455	4				4				
Blida	31.193									Comprises dans l'état de 1909.
Arba	8.618									Pas de liste.
El-Affroun	3.506									Pas de liste.
Rivet	4.158									Pas de liste.
Sidi-Moussa	2.720									Pas de liste.

II. — Arrondissement d'Orléansville

COMMUNES	POPULATION totale	Personnes vaccinées et revaccinées				TOTAL	Succès	Insuccès	Inconnus	OBSERVATIONS
		Européens	Indigènes							
			Hommes	Femmes	Enfants					
Cheliff (m,)......	55.000	41	667	633	2.582	3.923	2.754	1.169		
Ouarsenis (m.)...	29.780		1.321	929	950	2.200	1.916	284		
Ténès (m.).......	42.621	119	2.353	3.150	7.570	13.192	8.287	4.905		
Ténès (p. e.).....	4.999	36	12	8	85	141	120	21		
Cavaignac	2.922	33	35	24	257	349	303	46		
Montenotte.......	3.751	50	40	28	112	230	146	84		
Charon	5.205					2 006	914	1.092		
Oued-Fodda......	5.287	40	57	17	422	536	277	259		
Orléansville......	13.220	386			261	647	190	457		
Attafs...........	2.343									Pas de liste. { Médecin vaccinateur parti en France.
Carnot..........	4.291									

III. — Arrondissement de Miliana

COMMUNES	POPULATION totale	PERSONNES VACCINÉES ET REVACCINÉES				TOTAL	Succès	Insuccès	Inconnus	OBSERVATIONS
		Européens	Indigènes							
			Hommes	Femmes	Enfants					
Miliana	8.430					790	378	412		Vaccin du docteur Chaumier, de Tours. Le total de vaccinations comprend européens et indigènes : il n'a pas été fait mention des catégories.
Bou-Medfa	1.948	20	14	9	168	205	194	11		
Vesoul-Benian....	739	18	16	4	92	130		130		Aucun succès.
Djendel (m.)......	31.097	181	278	397	4.562	5.418	2.261	3.157		
Les Braz (m.).....	44 581	26	1.078	336	3.778	5.218	2.379	2.839		
Duperré...... ...	5.412	14	32	26	397	469	121	348		
Sersou (m.).......	9.565	82	166	68	804	1.120	690	430		
Teniet-el-Haâd (m)	30.502	44	1.699	703	10.962	13.418	8.022	5.396		
Affreville.........	4.665	135			726	861	412	449		
Lavarande	1.435	19			245	264				
Aïn-Sultan	3.564				750	750	553	197		
Teniet-el-Haâd....	4.595	215			307	522	279	243		

IV. — Arrondissement de Médéa

COMMUNES	POPULATION totale	PERSONNES VACCINÉES ET REVACCINÉES				TOTAL	Succès	Insuccès	Inconnus	OBSERVATIONS
		Européens	Indigènes							
			Hommes	Femmes	Enfants					
Boghari (m)	33.587	29	456	911	3.086	4.482	3.409	1.073		
Boghar	2.386	352	330	249	536	1.467	601	866		
Aïn-Boucif (m.)...	26.732		480	500	1.607	2.587	1 824	763		
Boghari (p. e.)	4.299	503	108	84	1.382	2.077	948	1.129		
Berrouaghia (p. e.)	2.290	686	1.064	45	107	1.902	1.102	800		
Berrouaghia (m.).	37.635	734	2.545	345	6.549	10.173	9.350	823		
Médéa..........	15.242	165			656	821	698	123		
Lodi.............	3.591									N'a pas fourni d'état.
Damiette	3.809				35	35	30	5		
Chellala.........	16.734	48	1.472	541	747	2.808	723	2.085		

V. — Arrondissement de Tizi-Ouzou

COMMUNES	POPULATION totale	PERSONNES VACCINÉES ET REVACCINÉES				TOTAL	Succès	Insuccès	Inconnus	OBSERVATIONS
		Européens	Indigènes							
			Hommes	Femmes	Enfants					
Haut-Sébaou (m.)	44.221	142	881	2.204	3.367	6.594	5.112	1.482		
Mékla	9.028	65	217	356	1.737	2.375	1.800	575		
Dra-el-Mizan (p. e.)	5.070	7	123	69	214	413	221	192		
Dra-el-Mizan (m.)	49.866	42	934	785	1.934	3.692	2.528	1.164		
Djurdjura (m.)	63.705	15	1.025	2.975	1.740	5.755	3.844	1.911		
Azeffoun (m.)	34.166	98	312	425	1.277	2.112	1.777	335		
Rébeval	4.820	54	315	201	850	1.440	1.169	271		
Abbo	7.425	36	525	303	1.273	2.137	1.579	558		
Camp-du-Maréchal	8.314	24	620	227	1.108	1.979	1.482	497		
Mizrana (m.)	32.139		1.464	977	2.487	4.928	4.437	491		
Mirabeau	8.272					1.216	603	613		
Tizi-Ouzou	29.129			251	588	839	578	261		
Fort-National	9.730			496	1.059	1.575	507	1.068		
Fort-National (m.)	58.503		100	89	950	1.139	980	159		
Bordj-Ménaïel	14.931									Pas de liste.
Haussonvillers	6.272									Pas de vaccinations en 1910.
Isserville	11.214									Pas de liste.
Dellys	13.983									Les vaccinations n'ont pas été effectuées.

RÉCAPITULATION

ARRONDISSEMENTS	POPULATION totale	VACCINATIONS ET REVACCINATIONS				Succès	Insuccès	Inconnus	TOTAUX
		Européens	Indigènes						
			Hommes	Femmes	Enfants				
Alger		8.502	8.319	5.931	16.048	26.778	12.108	86	38.886
Orléansville		636	4.438	4.757	11.897	14.484	8.250	1.006	22.734
Miliana		754	3.058	1.543	22.789	14.990	13 369	215	28.359
Médéa		2.517	6.455	2.675	13.924	18.785	7.667	881	26.452
Tizi-Ouzou		483	6.516	9.378	19.623	26.627	9.457	84	36.084
	Totaux	12.892	28.786	24.284	84 281	101.664	50 851	2.272	152 515

RAPPORT

sur les épidémies du département d'Alger pendant l'année 1910

La loi du 15 février 1902, sur la protection de la santé publique, vient à peine d'être appliquée à l'Algérie que déjà elle commence à porter ses fruits. Qu'on veuille bien jeter les yeux sur la situation du département au point de vue des maladies évitables pendant les dernières années, qu'on la rapproche de celle de l'année écoulée, et l'on sera surpris des résultats obtenus. Les points sur lesquels on a constaté l'existence des maladies contagieuses sont plus rares, les territoires contaminés sont moins étendus, et le nombre des victimes est infiniment plus faible.

Le meilleur argument qu'il soit possible d'invoquer pour démontrer ce grand progrès en matière d'hygiène, c'est de tracer l'histoire de la *variole* au cours de l'année 1910.

Aucune vérité n'est mieux démontrée en médecine, que la vaccine, préserve de la variole pendant un temps plus ou moins long.

De toutes les maladies, la variole est donc la plus facie à éviter. On peut juger de la plus ou moins bonne tenue d'un pays en matière d'hygiène au nombre de varioleux qu'on y constate. Dans les pays bien administrés dont les habitants disciplinés suivent sans regimber les lois et règlements qu'on édicte, la variole ne s'y montre que d'une manière rare et tout à fait exceptionnelle. Ces pays ont imposé la vaccination obligatoire et ont affranchi leurs habitants d'un des plus lourds tributs qu'ils payaient à la maladie et à la mort. Les nations qui ont laissé la vaccination facultative sont visitées par des épidémies plus ou moins fréquentes et plus ou moins étendues.

L'Algérie se trouvait, jusqu'à l'année écoulée, dans cette dernière situation. On constatait des épidémies sur un grand nombre de régions, soit d'une manière simultanée, soit d'une façon successive. Lorsqu'un foyer s'éteignait sur un point, il se rallumait sur un autre; on pouvait aisément suivre la propagation de la maladie partout où elle éclatait.

La dissémination s'accomplissait, non seulement par les malades convalescents, portant la contagion partout où les conduisaient leurs affaires ou leurs fantaisies, mais encore par la dangereuse pratique de la *variolisation*. Avant la découverte de la vaccine, cette méthode présentait de grands avantages; elle comportait aussi des dangers pour les inoculés, dont quelques-uns mouraient; elle était surtout redoutable parce qu'elle créait des foyers de variole dans une contrée qui en était indemne.

Grâce aux mesures énergiques prises par l'Administration sur la demande des médecins exerçant en territoire indigène, et sur le vœu de la « Société de médecine d'Alger », la variolisation a presque complètement disparu.

Cependant, le Dr Burlat signale à Saint-Pierre-Saint-Paul, une petite épidémie allumée par des indigènes variolisés.

Pendant l'année 1910, il ne s'est produit, à Alger, qu'un seul décès par variole, alors qu'il s'en était produit 97 en 1909. Il suffit de considérer ces deux chiffres, de remarquer qu'entre le premier et le second est intervenue l'obligation de la vaccine pour mesurer le progrès réalisé et la cause à laquelle il convient de le rattacher. L'amélioration de la commune d'Alger s'est étendue à tout l'arrondissement où l'on constate, à part l'épidémie de Saint-Pierre-Saint-Paul, quelques cas isolés à El-Biar et à Birtouta.

Dans un pays aussi grand, aussi varié que l'Algérie, le progrès ne peut être général en même temps. C'est ce qui explique pourquoi nous trouvons encore ici et là des épidémies de variole.

Plusieurs communes de l'arrondissement d'Orléansville ont payé un tribut important à la petite vérole. A Flatters on a constaté 35 cas dont 5 suivis de décès; les autres localités éprouvées sont Orléansville (15 cas, 2 décès); Charon (17 cas, 2 décès); Ténès mixte où sur 25 enfants atteints, 21 ont succombé; dans la commune mixte du Chéliff, des cas nombreux ont été signalés dans plusieurs douars;

dans les communes de Ténès, de Montenotte, à Rabelais on a constaté aussi l'existence plutôt discrète de cette fièvre éruptive. Les localités où cette maladie a été signalée dans l'arrondissement de Miliana sont les suivantes: Duperré, Rouïna, Lavigerie, Les Braz. Boghari mixte est le seul point envahi de l'arrondissement de Médéa. La Kabylie représentait autrefois le foyer le plus actif, et, en quelque sorte le conservatoire de la variole en Algérie. En 1910, on n'a signalé qu'une petite épidémie dans la commune mixte du Djurdjura.

Laissant de côté la variole, nous allons passer en revue les autres maladies épidémiques ou contagieuses observées dans le département.

Rougeole. — Une épidémie de rougeole a sévi dans presque tout le département, tantôt légère, guérissant sans suites ni complications, parfois plus sérieuse, entraînant une mortalité plus ou moins forte. Dans la commune d'Alger, l'épidémie a pris une certaine extension vers le milieu de l'année. La rougeole passe pour une maladie bénigne, guérissant toute seule; aussi, dans la plupart des cas, aucun médecin n'est appelé et les déclarations imposées par la loi ne peuvent avoir lieu; il est donc difficile de se rendre compte du nombre d'enfants atteints; mais ce nombre doit avoir été assez élevé, puisqu'on a déclaré à Alger seulement douze cas mortels. Une extension sérieuse a été constatée à Palestro, à Douaouda, à Ménerville et à Saint-Pierre-Saint-Paul, tandis qu'une apparition discrète a été constatée à Aumale et à Aïn-Bessem. Dans l'arrondissement de Médéa, Aïn-Boucif a seul présenté quelques cas.

L'arrondissement de Tizi-Ouzou a été le plus sérieusement éprouvé: à Azeffoun (108 cas, sans décès) l'épidémie a été très étendue tout en restant très bénigne ; de nombreux enfants ont été atteints également dans la commune de Dellys (51 cas, sans décès); dans celles de la Mizrana (30 cas, sans décès); Rebeval (14 cas, sans décès); Abbo (8 cas, sans décès); au Camp-du-Maréchal, où quelques cas seulement ont été constatés. Les arrondissements de Miliana et d'Orléansville ont eu plusieurs centres contaminés: Duperré, Kherba, Rouïna, Les Braz, dans le premier; Orléansville, Ténès, Beni-Hindel, dans le second ont été visités par l'épidémie qui s'est montrée partout très légère.

Coqueluche. — Cette maladie contagieuse éprouve les enfants par les fatigues causées par les quintes de toux; elle les affaiblit parce que les vomissements diminuent la ration d'entretien de ces petits êtres si fragiles; elle les tue quelquefois en ouvrant la porte aux complications immédiates ou éloignées. Bien que la coqueluche soit signalée dans un grand nombre de localités, elle n'est citée qu'à Alger comme ayant eu une issue funeste (12 décès consécutifs à coqueluche).

Les autres localités de l'arrondissement qui ont présenté des malades sont : Aïn-Bessem, Aïn-Taya, Fouka, Réghaïa, Rouïba, Sidi-Moussa, Saint-Pierre-Sant-Paul. Nous mentionnerons encore, Duperré, Kherba, Rouïna, Téniet, Bourbaki, Taine et Vialar, dans l'arrondissement de Miliana et dans celui de Tizi-Ouzou, la Mizrana, Abbo, Camp-du-Maréchal, Haussonvillers et Rébeval.

Diphtérie. — Bien qu'ayant perdu de son importance, depuis la découverte de la sérothérapie, la diphtérie représente encore une maladie fréquente, grave, trop souvent mortelle lorsqu'on n'intervient pas à temps. C'est à Palestro qu'elle a pris le plus d'extension. Le docteur Prengrueber signale des cas très nombreux chez les indigènes parmi lesquels 30 ont trouvé la mort. Les écoles ont dû être licenciées; la recrudescence du mal a pris, à un moment, une telle intensité, que le docteur Crespin, médecin des épidémies, a été envoyé en mission pour faire une enquête.

A Berrouaghia, la diphtérie a pris un si grand développement que les écoles ont dû être fermées, après une visite du docteur Crespin et du docteur Lafille, directeur du Service de Santé de la division d'Alger.

A Alger, elle a été relativement modérée. Combien d'enfants ont été atteints? Nous ne le savons pas exactement, faute de renseignements; mais les registres de l'état-civil ont inscrit 6 cas mortels de croup ou d'angine couanneuse. La diphtérie a été signalée encore à Cherchell, El-Achour, Fouka, Hussein-Dey, Mahelma, Boghar, Boghari, Chellala, Berrouaghia, Teniet, Hammam-R'hira, Ténès, mais partout les atteintes se sont bornées à un ou à un petit nombre de cas, dont l'issue a été chez tous favorable.

Nous avons à maintes reprises remarqué la rareté et la bénignité de la *scarlatine* en Algérie.

On ne la trouve mentionnée presque nulle part et aucun décès ne lui est imputé. Cette fièvre éruptive a été signalée seulement à Aumale, à Téniet et à Boghar. Existe-t-il une immunité résultant du climat, des races habitant le pays ou sommes-nous en présence d'une phase d'acalmie temporaire susceptible de prendre fin d'un moment à l'autre? C'est ce qu'il est impossible de décider à l'heure actuelle.

Typhus exanthématique. — Nous ne connaissons pas encore le germe du typhus exanthématique. Bien qu'il puisse se communiquer expérimentalement au singe et à quelques autres animaux, il est infiniment probable que dans les circonstances habituelles la maladie est exclusivement humaine et que l'homme constitue l'unique réservoir de virus. La maladie se propage généralement, sinon d'une manière exclusive, par les ectoparasites.

Un invertébré peut-il conserver plus ou moins longtemps vivant et virulent le germe typique, comme la puce, le microbe de la peste? La question est importante au point de vue des conditions de propagation et par suite de prophylaxie; elle n'est pas encore tranchée d'une manière certaine. Il semble pourtant que le voisinage du malade constitue une condition des plus favorables de disséminations. La receptivité suit pour le typhus, les lois générales qu'on observe vis-à-vis des autres maladies virulentes.

Quoi qu'il en soit, il est avéré par l'étude de l'épidémimiologie que le typhus existe d'une manière permanente dans deux régions du département d'Alger: en Kabylie, à l'Est, dans le massif de l'Ouarsenis, à l'ouest. En temps ordinaire, quelques indigènes sont atteints dans les douars séparés; les uns guérissent, les autres meurent: ils n'appellent la plupart du temps aucun médecin; ils guérissent ou ils meurent d'une maladie anonyme. Tant que les manifestations restent à l'état sporadique, elles continuent deux, trois, six mois, sans que personne s'en inquiète.

Si les conditions de propagation ou de réceptivité changent, si plusieurs personnes sont frappées dans la même localité, si les européens et surtout quelques européens en vue sont atteints, on se préoccupe de déterminer la nature d'une épidémie qui prend une extension aussi inquiétante. Mais il arrive la plupart du temps qu'il est trop tard pour l'éteindre, qu'elle déborde son foyer originel et qu'elle se met en marche pour parcourir presque tout le pays.

La dernière épidémie de typhus a commencé à sévir en 1909. Nous la voyons atteindre Alger au mois de mai, puis se répandre peu à peu dans tout le département. Elle paraît vouloir s'arrêter à la fin de l'année, mais elle reprend une activité plus considérable dans les premiers mois de 1910. L'ambulance algéroise d'El-Kettar est presque pleine de typhiques; il y meurt une vingtaine de personnes par mois en mars, en avril, mai et juin. L'activité de l'épidémie atteint son maximum pendant ces quatre mois; c'est pendant cette période qu'on enregistre presque toute la mortalité qui enlève à Alger seulement 88 personnes, sur 275 atteintes.

Nous croyons devoir rappeler ici les noms du docteur Scherb, du pharmacien Obrecht et du peintre Dutasta morts victimes du typhus pendant cette malheureuse période. Les localités les plus éprouvées après Alger, sont: Beni-Mançour, où le docteur de Cool a constaté 91 malades et 39 décès. L'origine de l'épidémie a été très bien établie par ce consciencieux praticien; elle a été apportée par des kabyles venus de Sidi-Aïch. A Aïn-Bessem, le docteur Poujol a assisté à une explosion sérieuse; il a pu reconnaître la maladie chez 50 indigènes, parmi lesquels 7 ont succombé. Il est incontestable que M. Poujol a parfaitement raison lorsqu'il dit qu'il n'a pas visité tous les typhiques qui ont été malades dans sa circonscription. Il en a été pour Aïn-Bessem, comme pour d'autres localités, les constatations et les soins n'ont porté que sur une partie seulement des personnes atteintes. Maison-Carrée est un lieu de passage pour les indigènes, pour les kabyles principalement qui se rendent à Alger. Cette circonstance explique la constatation de 7 cas, dont 1 suivi de décès, faite par le docteur Payan. Quelques cas sporadiques se sont produits à Bouïra, Bir-Rabalou, Birtouta, Crescia, El-Biar, Hussein-Dey. Il s'agit de kabyles voyageurs qui avaient contracté ailleurs le germe et dont l'éclosion s'est produite accidentellement dans ces localités. Grâce aux mesures d'isolement et de désinfection, aucun foyer secondaire n'a pris naissance à la suite de ces importations fortuites.

Un centre épidémique important est signalé dans la commune de Fort-National ; le nombre de malades visités s'élève à 51, et celui des morts à 19.

M. le Dr Meinard mentionne également 9 cas dont 2 mortels dans la circonscription de Rebeval. Des manifestations de moindre importance se sont produites dans les communes de Dra-el-Mizan, Djurdjura et Azazga. Le Dr Domergue dit que le typhus a été introduit dans la circonscription de Michelet par des Kabyles qui ont aidé à transporter un mort pour l'inhumer dans son pays d'origine. Notre surprise a été extrême en apprenant qu'on a pu transporter à distance le cadavre d'un homme mort du typhus ; il suffira de signaler cet exemple malheureux pour appeler plus de surveillance et pour en éviter la reproduction.

Le foyer de l'Ouarsenis s'est propagé aux arrondissements d'Orléansville, de Miliana et de Médéa.

Aux Beni-Hindel, M. le Dr Moret a visité une cinquantaine de typhiques. Deux foyers sérieux ont pris naissance du côté du littoral, l'un à Montenotte, où sur 41 malades il s'est produit 17 décès; à Rabelais on a constaté 34 cas de typhus. On s'explique facilement, avec un aussi grand nombre de malades, l'importation du typhus dans la commune mixte de Ténès ainsi que les quelques cas isolés d'Orléansville et de l'Oued-Fodda. La commune mixte de Téniet est le foyer le plus important de l'arrondissement de Miliana.

Le Dr Duboucher signale dans son rapport 26 malades parmi lesquels seulement 2 décès. Téniet plein-exercice, Bourbaki, Taine et Vialar ont vu éclore plusieurs cas de typhus dont la provenance est attribuée à l'Ouarsenis. Chellala et Boghari sont les foyers les plus importants de l'arrondissement de Médéa ; à Berrouaghia il paraît ne s'être produit que des cas isolés.

La persistance, la dissémination de cette épidémie de typhus, le nombre et la qualité des victimes qui ont succombé à ses atteintes, ont vivement attiré l'attention des Pouvoirs publics.

A la suite des études auxquelles se sont livrés le Conseil départemental d'hygiène, les Commissions locales d'hygiène, les médecins des divers centres, des mesures sévères ont été prises pour arrêter la marche et pour provoquer l'extinction de cette trop longue épidémie. Deux mesures fondamentales ont été appliquées avec suite et ont atteint le but désiré : on a cherché à limiter l'infection en isolant les malades et en s'opposant à leur déplacement ; on s'est appliqué à détruire le virus engendré par chaque foyer. Nous sommes heureux, de rappeler, ici, avec quelle rapidité, avec quelle compétence et avec quel succès le service de la désinfection dirigé par le Dr Raynaud, avec le concours du Dr Pierre a rempli son rôle.

Fièvre typhoïde. — En matière de prophylaxie, la fièvre typhoïde et la variole ne sont pas sans présenter une certaine analogie. Les points communs consistent en ce que les acquisitions bactériologiques et les enseignements de l'expérience ont montré les voies de propagation et comme conséquence les moyens de s'opposer à la dissémination de l'une et de l'autre maladie. Nous ne voulons pas parler ici de la vaccination antityphoïde conseillée tout dernièrement par l'Académie de Médecine. Nous croyons que ce mode de prévention, en donnant l'immunité à l'individu, est le procédé le plus sûr et le procédé de l'avenir. Cette opinion découle de l'étude attentive des résultats obtenus par les Anglais dans l'Inde, au Transvaal, en Egypte, et par les Allemands dans l'Est Africain. Nous voulons envisager plus spécialement les mesures destinées à protéger la collectivité.

Il est acquis, aujourd'hui, que la très grande majorité des fièvres typhoïdes sont apportées par l'eau de boisson. Des exemples multiples empruntés à tous les pays, ont démontré que partout où la dothiénentérie était endémique on l'a fait diminuer ou disparaître en changeant le régime des eaux potables. On éprouve un douloureux étonnement en constatant qu'il existe un moyen pour ainsi dire radical d'éviter la fièvre typhoïde et en voyant qu'un effort sérieux, soutenu, décisif, n'a pas été fait partout où elle était endémique. Au lieu de s'unir devant l'ennemi commun, les partis ont usé leurs forces à se combattre; au lieu de faire de l'hygiène, on a fait de la politique et on a laissé persister les conditions les plus défectueuses et les plus léthifères.

Lorsqu'on examine les manifestations de la fièvre typhoïde dans le département, lorsqu'on voit son extension à un aussi grand nombre de centres, lorsqu'on assiste aux explosions épidémiques qui se produisent en divers points, on se demande si nous n'avons pas été imprégnés à notre insu par la mentalité musulmane, et si, après quelques tentatives pour lutter contre le mal, nous ne disons pas à notre tour « Mektoub! » en nous reposant sur ce commode oreiller.

Le foyer qui a le plus attiré l'attention en 1910 est le foyer de Tizi-Ouzou. Il a été l'objet d'études particulières de savants et de praticiens, parmi lesquels nous mentionnerons le professeur Calmette, le docteur Raynaud, les docteurs Meyer et Richard. L'épidémie a été sérieuse; sur les 105 cas qui se sont produits en deux mois, on a enregistré 19 décès; les enfants ont payé le plus lourd tribut puisque sur les 54 enfants atteints, 11 ont succombé; les manifestations morbides ont été chez eux particulièrement graves, la mortalité a presque atteint en effet le chiffre exorbitant de 20 pour cent. Les causes de cette grave épidémie ont été déterminées avec précision; elles sont dues à la contamination des sources de Belloua qui alimentent la ville, et au mauvais entretien des canalisations. Instruite par cette cruelle épreuve, Tizi-Ouzou va prendre des dispositions pour en éviter le retour.

Chellala, tout en n'ayant pas attiré l'attention, n'en a pas moins été le siège d'une épidémie importante. Le docteur Alquier signale en effet 123 cas, dont 19 se sont terminés par la mort. Il conviendrait de rechercher les causes de cette mobidité si élevée.

Le docteur Dubouchér a eu à traiter de petites épidémies dans les communes de Teniet (mixte et plein exercice); le docteur Aucaigne a dû donner ses soins à plusieurs typhoïsants (1) de Vialar, de Bourbaki et de Taine. Nous devons mentionner également la petite épidémie d'Affreville, dont nous avons été chargé de faire l'étude en collaboration avec MM. les

(1) Pour éviter la confusion, nous appelons, avec M. le professeur Chantemesse, *typhoïsants*, les malades atteints de fièvre typhoïde; *typhiques*, ceux qui sont atteints de typhus exanthématique.

professeurs Ardin-Delteil et Crespin. L'étude épidémiologique à laquelle nous nous sommes livrés, les constatations faites sur place sur l'origine des sources d'eau potable d'Affreville nous ont donné la conviction qu'il fallait attribuer la contamination d'Affreville aux eaux résiduaires de Miliana, dont l'épandage a lieu précisément sur le périmètre d'alimentation de ces sources.

Nous avons étudié, dans une autre publication, le cas d'Alger. Nous rappellerons que les conditions de cette ville ont été considérablement améliorées. La mortalité par dothiénentérie, qui oscillait autour de 100 décès il y a une vingtaine d'années, est tombée à 26 en 1910. Cette proportion aurait été plus faible encore sans l'épidémie qui a débuté en novembre-décembre et qui s'est accompagnée de 8 cas mortels. Avec MM. Crespin, Ficheur et Trabut, nous avons imputé la contagion à la pollution de l'Aïn-Zeboudja. Par suite de la pénurie d'eau, ces sources n'ont pu être éliminées de la consommation que dans les premiers mois de 1911; dès que ces eaux n'ont plus été consommées, la morbidité est descendue aussitôt jusqu'à l'étiage des années précédentes.

Sans avoir pris les proportions d'une épidémie, la fièvre typhoïde a été signalée à l'état sporadique dans un grand nombre de localités.

Nous la trouvons à Aïn-Taya, où le docteur Lasserre a eu à traiter 13 personnes dont une a succombé. Des cas isolés ont été signalés à Aïn-Bessem, Beni-Mered, Cherchell, Draria, Douaouda, El-Achour, El-Biar, Fouka, Koléa, Maison-Carrée, Palestro, Réghaïa, Staouéli, Saint-Ferdinand, Dellys, Djurdjura, Médéa, Berrouaghia, Ténès.

Tout en étant en diminution, le *paludisme* n'en est pas moins encore un puissant facteur de morbidité et de mortalité. Il y a quelques années, nous avons montré que chez les agents du P.-L.-M. appartenant à la ligne Alger-Oran, le paludisme causait, à lui seul, autant de journées de maladie que toutes les autres affections réunies. Grâce à l'assainissement du sol par la culture, grâce aux progrès de l'hygiène individuelle, grâce aussi à la quininisation préventive, la fièvre paludéenne a sensiblement perdu du terrain. Son activité a été encore importante dans un certain nombre de régions. A Rébeval, le docteur Meinard a constaté que presque tous les habitants de la commune sont impaludés; des régions généralement indemnes, comme Horace-Vernet, ont été touchées; presque tous les habitants d'Haussonvillers ont éprouvé des accidents malariques plus ou moins sérieux. Au Camp-du-Maréchal, ce sont les indigènes qui ont été les plus touchés, alors que les Européens ont été généralement épargnés.

Si la circonscription médicale de Téniet a compté peu de malariques, il n'en a pas été de même à Vialar où des mesures antilarvaires n'ont pas empêché de nombreuses manifestations paludéennes. Dans la commune mixte de Boghari, on constate de nombreuses atteintes à Bougzoul et dans la vallée des Aziz. Grâce au déplacement des tentes et à la quininisation, le docteur Violle a pu empêcher l'éclosion de nouvaux cas. La commune de Berrouaghia a compté aussi de nombreux malariques. Le centre de Brazza a été épargné, et le docteur Susini attribue cette préservation à l'efficacité des mesures antimalariques. Les localités suivantes sont mentionnées comme ayant présenté un nombre plus grand de fiévreux: Aïn-Bessem où le nombre de malades a été plus grand qu'en 1909, Bir-Rabalou, surtout dans le voisinage de l'Oued-Zéroua, Birtouta où le docteur Bérard mentionne un réveil de malaria. Beni-Mançour, Douaouda, Coléa, Maison-Blanche, Ouled-Fayet, Maison-Carrée, Sidi-Moussa, Duperré, Aïn-Boucif, Montenotte, Cavaignac, Ténès (mixte). A Cherchell, le docteur Chandèze signale un fait fréquemment rapporté par les observateurs: l'abondance des moustiques d'une part, et la rareté du paludisme, d'autre part. Ces anomalies apparentes ont été fréquemment constatées; elles n'ont pas toujours reçu une explication satisfaisante.

Il nous reste à parler maintenant de quelques maladies épidémiques dont l'existence a été rare ou éphémère.

Le typhus récurrent ou fièvre récurrente, existe à l'état endémique en Algérie. Il n'a pas la gravité du typhus exanthématique, mais il se propage, suivant toutes les probabilités par les mêmes agents. Le microbe de cette maladie est un spirille, découvert, il y a une quarantaine d'années par Obermeier, dont il porte le nom. Qu'il en existe une variété européenne, une ou plusieurs variétés africaines et américaines, c'est très vraisemblable. En tout cas, la maladie s'observe seulement chez l'homme, et se propage par l'intermédiaire d'un ou de plusieurs invertébrés.

Ces conditions règlent d'une manière étroite les mesures de prophylaxie qu'on devra prendre vis-à-vis du typhus récurrent; elles se superposent en quelque sorte à celles qu'on doit appliquer pour se préserver du typhus exanthématique. La fièvre récurrente a été observée à Bouïra: en avril, 28 personnes ont été atteintes et 4 d'entre elles ont succombé. Cette mortalité est plus élevée que la moyenne signalée par les auteurs. De nombreux malades ont été traités dans diverses salles de l'hôpital de Mustapha; ils ne sont mentionnés dans aucun rapport; ils auraient passé inaperçus si nous n'en avions pas rencontré dans notre service et si nous n'avions appris leur présence dans celui de quelques-uns de nos collègues.

La méningite-cérébrospinale épidémique a traduit son existence par quelques cas sporadiques traités à l'hôpital de Mustapha; un cas a été traité et guéri à Fouka, par le docteur Danvin et un autre cas a été mentionné à Azazga.

La fièvre de Malte, après avoir sévi sous forme pandémique, il y a quelques années, a subi un temps d'arrêt; elle est très rarement constatée dans les hôpitaux; sa présence n'est mentionnée que par le docteur Dubouchier dans les communes de Téniet-el-Haâd.

La dysenterie, ainsi que les *affections gastro-intestinales* ont été notées dans un certain nombre de localités. A Fort-de-l'Eau, 38 dysentériques ont réclamé des soins médicaux. Les enfants du premier âge ont été éprouvés par des gastro-entérites à Cherchell et à Douaouda; on a constaté aussi des diarrhées estivales graves à Aïn-Bessem, ainsi que dans les régions de Téniet-el-Haâd et de Vialar. Il est incontestable que le rôle néfaste des gastro-entérites infantiles n'est pas mentionné d'une manière complète. En dépouillant les registres de l'état civil de la seule commune d'Alger, nous avons trouvé 261 décès d'enfants qui ont succombé à une inflammation du tube digestif. On peut se représenter par cet exemple la part énorme de ce groupe de maladies dans la mortalité globale de tout le département.

Nous avons trouvé, en dépouillant les rapports des médecins communaux ou de colonisation, la mention de nombreux cas de *grippe* de *conjonctivite granuleuse* qui se sont produits un peu partout. De petites épidémies d'*oreillons* ont été signalées à Berrouaghia et à Aïn-Boucif. Le Dr Combes mentionne de petites éclosions de *rubéole* et de *furonculose* dans les circonscriptions de la Mizrana. Des épidémies de *varicelle*, bénignes, sans mortalité comme sans séquelles, ont été mentionnées un peu partout, entre autres à Alger, dans la région de Téniet, Bourbaki ; à Beni-Hindel, l'existence simultanée de la varicelle et de la coqueluche ont motivé la fermeture de l'école.

La *Tuberculose*, malgré la place prépondérante qu'elle occupe comme facteur de mortalité, n'est que très rarement mentionnée. Le Dr Laborde constate les grands progrès qu'elle a accomplis parmi les populations kabyles de Dellys ou de ses environs ; il estime qu'à elle seule, elle entraîne la moitié de l'ensemble des décès. Il attribue cette marche envahissante à l'influence de l'alcoolisme qui se propage chez les jeunes Kabyles dans des proportions inquiétantes. Nous avons recherché quelle était la part de la Tuberculose dans la mortalité totale de la Ville d'Alger. Nous avons trouvé que sur les 3,725 décès de l'année 1910, 625 étaient morts de cette maladie (dont 488 de consomption pulmonaire). Cela représente 1/6 de la mortalité générale, chiffre sensiblement supérieur à la proportion observée dans la Métropole.

La *Septicémie puerpérale* et les accidents *puerpéraux de la grossesse*, sont généralement passés sous silence. Leur connaissance serait pourtant pleine d'intérêt. Elle nous apprendrait comment ces accidents se produisent, et nous pourrions en tirer d'utiles leçons pour les éviter. Nous devons borner notre curiosité à savoir qu'à Alger 32 femmes ont succombé à l'infection qui a suivi l'accouchement et 19 aux divers accidents consécutifs à l'avortement involontaire, ou trop souvent provoqué. Cette cause de décès nous laisse entrevoir, un des sujets les plus captivants et les plus capables de solliciter les études du médecin, du sociologue et du législateur.

Nous signalerons une fois de plus en terminant ce rapport la diminution des maladies épidémiques pendant l'année 1910. Nous aurions voulu appuyer notre constatation sur des chiffres précis. Malheureusement, les conditions actuelles ne permettent pas encore de les recueillir avec une exactitude suffisante.

Grâce à la loi de 1902, nous avons en mains les armes nécessaires pour empêcher les épidémies, non pas de naître, mais de s'accroître. Pour cela il est indispensable d'être informés des premiers cas. Autant il est facile d'éteindre un petit foyer bien délimité, autant la tâche devient malaisée lorsqu'il est étendu et à contours indécis. La déclaration des maladies contagieuses, surtout la déclaration des premiers cas, est une question de la plus haute importance à laquelle on ne saurait trop engager les médecins à se conformer.

Il est indispensable que les malades accomplissent la durée de l'isolement prescrit par les règlements pour chaque maladie. On peut la plupart du temps, obtenir cet isolement par persuasion; on est en droit de l'imposer lorsque la persuasion devient impuissante.

Une désinfection rationnelle, scientifique sera accomplie sous la direction des médecins traitants dans les cas isolés ; le service départemental se chargera de l'assurer rapidement et efficacement lorsque les malades seront contaminés en plus grand nombre et formeront une épidémie.

La constatation de la variole dans les multiples localités où elle a fait son apparition montre qu'un effort est encore à développer pour répandre la vaccination. L'application de la loi, la vaccination et les revaccinations qu'elle impose, amèneront à bref délai la disparition complète de cette fièvre éruptive.

La déclaration des premiers cas, l'étude attentive du développement des épidémies, les mesures de prophylaxie suggérées par cette étude, l'isolement des malades pendant la durée légale, la désinfection rapide et complète diminueront d'une manière certaine la part trop grande que l'Algérie paie encore aux maladies contagieuses.

Alger, le 7 août 1911.

Le Médecin des Epidémies,

H. Soulié.

Professeur à la Faculté de Médecine.

ANNEXE

au Rapport du Médecin des Epidémies

Les Maladadies évitables à Alger en 1910

Il n'est pas sans intérêt de jeter un coup d'œil d'ensemble sur le mouvement de la natalité et de la mortalité en 1910, d'après les documents puisés à l'état civil d'Alger et publiés dans le *Bulletin Médical de l'Algérie*.

Les naissances ont atteint le chiffre total de 4,149, supérieur à celui de 1909 (3,674), et à celui de 1908 (4,030). Un calcul très simple nous apprend que la moyenne mensuelle des naissances a été de 345, alors qu'elle n'avait été que de 336 et 306 en 1908 et 1909. La progression est donc manifeste, sans atteindre cette vigueur qu'on se plaît à donner souvent de confiance en exemple à la Métropole.

Si la natalité a été plus forte que l'année dernière, la mortalité a été plus faible, d'où il en est résulté une double cause de l'augmentation de la population. Le nombre des décès a été de 3,725 en 1910, alors qu'il avait été de 3,813 en 1909, et de 3,322 en 1908. L'excédent des naissances sur les décès est donc de 424. La moyenne mensuelle mortuaire a été de 310, inférieure à celle de 1909 qui s'était élevée à 317, supérieure à celle de 1908 qui s'était arrêtée à 276.

Si les phénomènes qui président aux naissances sont toujours à peu près les mêmes, il est loin d'en être ainsi pour les causes qui entraînent les décès.

Parmi ces dernières, les maladies évitables doivent attirer et retenir l'attention des hygiénistes et des administrateurs.

Que voyons-nous sous ce rapport en 1910?

Ce qui attire tout d'abord nos regards, c'est le *typhus exanthématique*. Cette maladie, dont le germe ne nous est pas encore connu, mais dont la propagation se fait par les ectoparasites, a commencé à sévir en 1909. Après un mois ou deux d'accalmie, le typhus a reparu avec force au mois de février et a duré jusqu'au mois de novembre. La mortalité totale, durant ces quelques mois, a été de 88 décès. Grâce aux mesures prophylactiques indiquées par le Conseil d'hygiène, grâce aux efforts convergents des médecins communaux, des médecins des hôpitaux ou des médecins traitants, dirigés par M. le docteur Raynaud, directeur des Services de l'hygiène en Algérie, le typhus a disparu d'une façon définitive, après avoir causé trop de victimes, parmi lesquelles nous mentionnerons notre regretté confrère le docteur Scherb.

Les maladies éruptives se sont manifestées avec la plus grande discrétion en 1910. La plus tenace et la plus meurtrière de toutes, la *variole*, a considérablement diminué et n'a causé en un an qu'un seul décès. Cette diminution s'explique aisément par la raison que cette maladie est la plus facile à éviter, grâce à la vaccine. La mise en vigueur de la loi de 1902, qui institue la vaccination obligatoire, commence à porter ses fruits. La *rougeole* passe pour être infiniment moins grave que la variole ; son action a été beaucoup plus funeste à la population algéroise ; elle a atteint de nombreux petits malades et elle a été fatale à 12 enfants. Chose remarquable, la *scarlatine* n'a jamais sévi avec une grande intensité ; on dirait que les conditions climatériques, la réceptivité des habitants ne lui sont pas favorables. On a noté un très petit nombre de scarlatines et aucune d'elles ne s'est terminée par la mort.

La *coqueluche* s'est propagée, et a pris une allure épidémique au mois de mai ; depuis cette époque, elle tantôt bénigne, tantôt sévère, causant en somme 17 décès, chiffre plutôt élevé pour la maladie.

Depuis la découverte de la sérothérapie, la *diphtérie* a diminué considérablement à Alger. Ceux qui ont exercé la médecine avant et après la découverte de Behring-Roux, ont pu se rendre compte par expérience du rôle de cette maladie si redoutée. Si nous trouvons sa présence jalonnée par 6 décès survenus presque tous vers la fin de l'année, c'est parce que les familles appellent trop tard le médecin, ou parce qu'elles ne veulent pas accepter les mesures prophylactiques qu'on leur propose, et dont l'injection préventive de sérum est l'une des plus efficaces.

Nous avons réservé la plus grave des maladies contagieuses endémiques, la *fièvre typhoïde,* pour lui consacrer quelques lignes de développement. Certes, l'amélioration de la ville au point de vue de l'extension de cette pyrexie n'est pas douteuse. Nous voyons, en effet, que la somme des décès qui lui sont imputables en 1910 n'est que de 26; et encore ce nombre, relativement faible, n'a été obtenu que par l'apport des 8 décès consécutifs à l'épidémie de novembre-décembre. Si nous reportons les yeux à quelques années en arrière, nous verrons que la mortalité s'est élevée à 99 décès en 1890 (sans compter la population militaire), à 110 en 1896, à 97 en 1901, pour descendre à 37 en 1909. Cette amélioration est due au soin plus grand apporté au régime des eaux de la ville. Depuis de nombreuses années, les mesures destinées à préserver les eaux de boisson de toute souillure ont été préconisées. Dès 1889, une Commission, nommée par la municipalité de l'époque et dont M. Trabut et moi faisions partie, les avait indiquées.

Tout récemment, une Commission composée de MM. Ficheur, Malosse et Soulié, s'est livré à une étude sur le même sujet. Le *Bulletin Médical* de septembre et de novembre 1909 a publié les rapports de MM. Ficheur et Soulié. Aujourd'hui encore, le Conseil d'Hygiène reprend cette question. Le Bureau d'Hygiène militaire d'Alger s'est livré à des investigations minutieuses, et l'autorité militaire a fait connaître à la Municipalité les mesures propres à préserver la santé des troupes. Ces mesures, on nous permettra de les rappeler, sont les suivantes: 1° Suppression des eaux du groupe de l'Aïn-Zeboudja, impures à l'origine et exposées à la contamination sur tout leurs parcours; 2° Canalisations en fonte des aqueducs allant du tunnel Canton à l'hydromètre du Fort de l'Empereur, de l'aqueduc du Télemly, et de l'aqueduc du Hamma; 3° Surveillance bactériologique des sources du Télemly et Des Vallons sur le périmètre d'alimentation desquelles se trouvent toutes les villas de Mustapha-Supérieur dépourvues d'égout, et envoyant leurs déjections dans les puisards; 4° Suppression des petites sources Marégot et Oulid-Adda, peu importantes par leur débit, mais suspectes à leur origine.

Une indifférence coupable, des intérêts privés sont intervenus et ont retardé l'application de ces mesures d'assainissement. Malheureusement, ces retards ont coûté des vies humaines, parmi lesquelles nous mentionnerons celle du docteur Sicard, chef de clinique médicale, et celle de Mlle Petit, étudiante en médecine, très sympathiques tous deux et auxquels l'avenir s'annonçait plein de promesses.

Une place à part doit être réservée à la *tuberculose*. Nous avons indiqué tous les mois la part prépondérante prise par ce fléau dans la mortalité générale. Si nous réunissons les effets néfastes qu'elle a exercés durant toute l'année, nous voyons qu'elle a entraîné 625 décès, dont 488 dus à la consomption pulmonaire. Qu'on rapproche des 625 décès des 3.725 représentant l'ensemble des décès de l'année, et l'on verra le rôle effrayant joué par la tuberculose, rôle atteignant presque mathématiquement 1/6 de la mortalité globale. Il meurt donc, à Alger, une personne tuberculeuse sur 6, alors qu'en France, cette proportion n'est que de 1 sur 10.

On meurt beaucoup à Alger des affections des organes respiratoires. La réunion des décès inscrits sous le nom de *bronchites aiguë* et *chronique, pneumonie, pleurésie,* s'est élevée à 580. Il est incontestable que l'on a inscrit sous ces désignations nombre de cas appartenant à la tuberculose. Nous n'insisterons pas sur cette considération pour ne pas grossir la part déjà trop grande de cette maladie.

Nous avons constaté avec plaisir que la *gastro-entérite infantile,* l'une des causes les plus actives de la mortalité de la première enfance, n'a causé que 261 victimes. Ce résultat, relativement bon, meilleur que celui des années précédentes, est dû à l'intervention des médecins, et en particulier à l'action de ceux qui dirigent les Crèches ou les Gouttes de lait.

La *septicémie puerpérale* est en grande diminution; il n'a succombé que 32 femmes à cette complication de l'accouchement. Les *autres accidents puerpéraux de la grossesse* ont causé 19 décès. Pour avoir voulu mettre un enfant au monde, 51 femmes ont trouvé la mort de façons diverses. De ce côté, on peut réaliser encore de grandes améliorations.

La *débilité congénitale,* comme aussi la *sénilité,* figurent très souvent au nombre des causes de décès. On devient très vieux à Alger, et nombreuses sont les personnes qui meurent de vieillesse.

Ce sera, sans doute, la seule cause de décès que connaîtront nos descendants. Nous sommes loin encore d'avoir retrouvé cet état heureux qui n'a eu qu'une existence tout à fait éphémère et problématique dans l'Eden à l'aurore de l'humanité.

Henri SOULIÉ.

(*Bulletin Médical de l'Algérie,* 10 janvier 1911).

RAPPORT

sur les travaux du Conseil d'Hygiène du département d'Alger, en 1910, par Th. Malosse,
Secrétaire du Conseil

Au cours de l'année 1910, le Conseil départemental d'hygiène a été réuni huit fois, aux dates respectives des 1er mars, 11 mars, 2 mai, 21 mai, 2 juin, 30 juin, 24 novembre et 24 décembre.

Cent dix-sept affaires lui ont été soumises. En voici l'énumération :

1° Epidémie de fièvre typhoïde à Tizi-Ouzou	1
2° Epidémie de typhus	1
3° Enquête sur la situation sanitaire des communes du département	1
4° Division du Conseil départemental d'hygiène en grandes commissions	1
5° Réglement intérieur du Conseil départemental d'hygiène	1
6° Halles centrales d'Alger	1
7° Alimentation en eau potable des Attafs, de Baba-Hassen, de Boghari, de Coléa, d'El-Affroun, de Sainte-Monique et Wattignies, de Novi, d'Oued-el-Alleug et de Palestro	9
8° Règlements sanitaires des communes de : Aïn-Taya, Alger, Alma, Aumale (m.), Aumale (p. e.), Azeffoun, Attafs, Beni-Mansour (m.) Bir-Rabalou, Birkadem, Bouïnan, Bordj - Ménaïel, Bou - Medfa, Braz, Camp-du-Maréchal, Carnot, Chéliff, Courbet, Dellys, Djendel (m.), Djurdjura (m.), Dra-el-Mizan (m.), Dra-el-Mizan (p. e.), Félix-Faure, Fort-de-l'Eau, Fort-National (m.), Fort-National (p. e.), Fouka, Gouraya (m.), Aïn-Bessem, Haussonvillers, Haut-Sébaou, Isserville, Kherba, Lavarande Maison-Blanche, Mékla, Mi-	

rabeau, Mizrana (m.), Montenotte, Oued-Fodda, Palestro (m.), Palestro (p. e.), Rebeval, Rouïba, Saoula, Saint-Eugène, Sersou (m.) Sidi-Aïssa, Saint-Pierre et Saint-Paul, Souma, Tablat (m.), Tefeschoun, Téniet-el-Haâd, Tipaza, Tizi-Ouzou, Tizi-Reniff........................ 57

9° Inconvénients pouvant résulter de l'établissement des troupes noires en Algérie... 1

10° Tuberculinisation des vaches............ 1

11° Etablissement de cimetières............... 1

12° Abattoirs.................................. 3

13° Inconvénients résultant de l'abandon en plein air des animaux morts de maladies transmissibles........................... 1

14° Vacheries................................. 6

15° Porcheries................................ 2

16° Huileries................................. 2

17° Distilleries.............................. 1

18° Manufactures de tabacs.................. 2

19° Fondoirs de graisses fraiches........... 1

20° Teintureries.............................. 2

21° Tanneries................................. 1

22° Usines à gaz.............................. 1

23° Fabriques d'acétylène dissous............ 1

24° Dépôts de charbon de bois................ 3

25° Fabriques de crin végétal................ 1

26° Fonderies et ateliers de constructions mécaniques.................................. 2

27° Scieries mécaniques...................... 1

28° Fours à briques........................... 1

29° Fours à tuiles............................ 1

30° Dépôts d'engrais.......................... 1

Total des affaires............ 117

Chacune de ces affaires a donné lieu à un rapport, à une discussion en séance et à un avis motivé.

Epidémie de fièvre typhoïde à Tizi-Ouzou

Suivant M. le Dr Raynaud, qui a accompagné la Commission chargé par le Gouvernement général de procéder à une enquête, l'épidémie était d'origine hydrique et, vraisemblablement due aux eaux provenant du Belloua. Ces sources, situées à flanc de côteau, au-dessous de villages indigènes, ont dû être contaminées. Aussi a-t-on, dès le 1er février, détourné ces eaux pour n'employer que celles provenant de l'oued Sébaou. Cette mesure, ainsi que les conseils de prophylaxie (ébullition de l'eau, cuisson des légumes), a amené une décroissance sensible de l'épidémie. Le Conseil a adopté les conclusions suivantes présentées par M. le Dr Raynaud :

1° Examens bactériologiques fréquents de l'eau du Belloua ;

2° Ne pas utiliser cette eau avant qu'elle n'ait été stérilisée soit par l'ozone, soit par filtrage, à la sortie du réservoir qui reçoit aussi les eaux du Sebaou ;

3° Reviser la canalisation des sources du Belloua ;

4° Transformer les égouts actuels en système diviseur.

a) Conserver la canalisation commencée pour évacuer les eaux de pluie qui iront à la rivière par le ravin.

b) Créer une nouvelle canalisation à petite section, qui servira à conduire les eaux vannes et les vidanges au Septic-Tank, ce qui permettra à ce dernier de fonctionner convenablement, et non pas seulement quand les eaux pluviales y parviennent en abondance.

Epidémie de typhus. — Dans la séance du 4 mars, M. le Préfet, président, a fait connaître au Conseil qu'il apparaissait de plus en plus que la situation sanitaire actuelle était due à l'exode continue sur Alger d'indigènes misérables; qu'en conséquence, de nouveaux ordres avaient été donnés pour surveiller attentivement cette immigration et appliquer des mesures sanitaires dans tous les lieux d'agglomération d'indigènes nécessiteux; que le Fort-l'Empereur avait été mis à la disposition de l'hôpital de Mustapha, en vue de son utilisation éventuelle comme ambulance, que la situation à l'ambulance d'El-Kettar était la suivante :

Typhiques indigènes ou malades suspects....	33
Typhiques européens........................	7
Total...............	40

Que les dispositions administratives suivantes avaient été arrêtées dans une conférence qu'il avait présidée et à laquelle avaient pris part MM. Serre, adjoint délégué de M. le Maire d'Alger, les docteurs Crespin et Reynaud; Salmon et Moreau, secrétaires généraux de la Préfecture.

A. — Mesures incombant à l'Administration

1° Si possible, rendre obligatoire, même dans l'arrondissement, le permis de voyage pour les indigènes ;

2° Tout au moins restreindre le plus possible, par l'application des mesures sanitaires (visites médicales, désinfection, etc.), la circulation des indigènes dans les fractions où des cas de typhus auraient été signalés;

3° Venir en aide (secours, chantiers de charité, etc.) aux indigènes de ces fractions mis en isolement.

4° Visite sanitaire à l'arrivée des vapeurs côtiers, trains, voitures, etc., pour rechercher les malades et les suspects. Dans le cas où des voyageurs chercheraient à éviter cette visite en débarquant dans des gares de banlieue, cette visite pourrait se faire à Maison-Carrée ;

5° Au lieu de renvoyer dans leurs douars les individus sans famille et sans ressources, établir un camp d'observations, ou lazaret, dans les environs d'Alger (fortifications du Sahel) ;

6° Installation d'une seconde ambulance au Fort-l'Empereur (la Ville remettra à l'Administration la barrière en bois qui servait à séparer les locaux de l'ambulance de la poudrière.

B. — Mesures incombant à la Municipalité

1° Interdire toutes les fêtes publiques indigènes et les réunions dans les cafés maures ;

2° La Ville sera divisée en secteurs peu étendus, et chaque jour un médecin, accompagné d'un agent de police, visitera les fondouks, cafés maures, bains maures, garnis occupés par des indigènes, ainsi que les maisons qui auront été signalées comme suspectes. Mêmes mesures pour les garnis occupés par des Européens;

3° Les auxiliaires indigènes et au besoin des femmes musulmanes pourront être utilisés pour rechercher les maladies; des primes seront accordées pour tout cas de maladie infectieuse signalée;

4° Désinfection du logement des malades et des vêtements de leur famille;

5° Eloignement de l'école des enfants habitant une maison occupée par un typhique;

6° Enquête sur le lieu d'origine des malades étrangers à la ville, afin de pouvoir imposer des mesures dans les communes auxquelles ces typhiques appartiennent;

7° Désinfection journalière des vêtements des indigènes habitant des garnis, fondouks, etc.. (Cette désinfection pourra se faire soit à la station sanitaine maritime où existent des douches, soit dans certains bains maures réquisitionnés, où les vêtements seront sulfurés pendant que leurs propriétaires prendront leur bain).

8° Interdire le transport et la vente des hardes, notamment des vêtements ayant appartenu à des typhiques sauf après désinfection constatée par l'apposition d'un timbre ou d'une marque. Surveillance des marchands à la criée et des salles de vente;

9° Les morts seront inhumés le plus tôt possible avec un cercueil; interdiction d'emporter les morts indigènes à travers la ville et dans un cercueil commun, même s'il doit être désinfecté. La ville fera prévenir la famille en cas de décès, du danger de laisser pénétrer dans la chambre mortuaire; au besoin un agent de police, placé à la porte de la maison, s'opposera aux visites des amis;

10° La ville sera nettoyée et assainie dans son ensemble.

A ces mesures, la Comission sanitaire de l'arrondissement d'Alger a estimé qu'il conviendrait d'ajouter les dispositions suivantes:

1° Le Fort l'Empereur, mis à la disposition de l'hôpital de Mustapha par l'autorité militaire, sera utilisé comme service d'observation, et l'ambulance d'El-Kettar ne recevra que des malades reconnus atteints de typhus;

2° Tout décès devra être signalé immédiatement et sera considéré comme suspect s'il n'est pas présenté de certificat médical. Il devra donner lieu à vérification par le médecin désigné à cet effet. Défense d'inhumer sans avoir un permis d'inhumation;

3° Désinfection des wagons et voitures publiques ayant transporté des indigènes.

En ce qui concerne la destruction des poux et autres parasites, M. le docteur Trabut ayant insisté sur la nécessité de répandre chez les indigènes la crainte des maladies contagieuses dues à ces parasites, M. le docteur Raynaud a été chargé de rédiger une note pour être affichée dans les cafés maures.

Sur la proposition de M. le docteur Saliéges, la motion suivante a été adoptée.

Le Conseil d'hygiène donne sa pleine et entière approbation aux mesures proposées par M. le docteur Raynaud. Il prie l'Administration de vouloir bien faire le nécessaire pour que ces mesures soient appliquées sans tarder et avec la plus grande énergie. Il profite de l'occasion que lui donne l'épidémie actuelle pour protester contre les libertés de plus en plus grandes laissées à la circulation des indigènes et notamment des Kabyles.

Il demande que loin d'être encore adoucies, on maintienne, on aggrave même, en temps d'épidémie, les mesures restrictives destinées à réduire et à surveiller les pérégrinations des indigènes. Enfin il demande qu'à l'avenir l'instruction médicale soit donnée aux élèves des 3 années (française et indigène). Pour éviter toutes dépenses, on pourrait, pour certains cours (maladies contagieuses), adjoindre les élèves à la section spéciale qui seule, jusqu'à ce jour, reçoit un enseignement médical rudimentaire.

Assainissement des communes

Dans la séance du 2 mai, M. le Préfet ayant appelé l'attention du Conseil sur l'opportunité de choisir dans son sein des membres qui seraient chargés de procéder à des enquêtes sur la situation sanitaire des communes du département, en dehors des médecins des épidémies, MM. les docteurs Crespin, Soulié et Ardin-Delteil ont été désignés à cet effet.

Dans la séance du 24 décembre, M. le docteur Raynaud a donné connaissance d'un rapport, que le Conseil a approuvé, concernant l'application de l'article 8 du décret du 5 août 1908 sur la protection de la santé publique.

Aux termes de ce rapport, il résulte d'une enquête effectuée par l'Administration que dans 80 communes environ, la mortalité moyenne pendant les trois dernières années a été supérieure à la moyenne de France.

M. Raynaud a donné lecture d'un modèle de questionnaire adopté dans le département du Rhône, qui pourrait être adressé, pour être rempli, à toutes les communes. Les commissions sanitaires d'arrondissement pourraient être chargées de procéder à une enquête sur la situation sanitaire des communes de leur ciconscription, par application de l'article 8 du décret du 5 août 1908. Le Conseil départemental centraliserait les travaux des dites commissions.

Division du Conseil départemental d'hygiène en grandes commissions

Dans la séance du 2 mai, le Conseil, sur la proposition de M. le Préfet, s'est subdivisé en deux grandes commissions, savoir :

Commission d'hygiène générale et de salubrité;

Commission des grands travaux.

Le but de ces Commissions sera d'étudier au préalable les questions soumises à l'examen du Conseil.

Dans la séance du 21 mai, les grandes Commissions prévues ont été constituées de la façon suivante:

Hygiène et salubrité: MM. Malosse, Curtillet, Ardin-Delteil, Saliège, Brault, Ben Brimath et Claude.

Travaux publics: MM. Crespin, Séguy, Soulié, Trabut, Vidal, Ficheur, l'Ingénieur en chef des mines, Voinot, Sédira, Ben Siam.

MM. Battandier, vice-président du Conseil, Lafille, directeur du Service de Santé de la division d'Alger et le docteur Raynaud, chef du Service sanitaire de la Colonie feront, de par leur fonction, partie des deux Commissions.

Règlement intérieur du Conseil. — Ce règlement a été élaboré par une Commission composée de MM. les docteurs Vidal, Raynaud, Crespin et Soulié. M. le docteur Vidal a été désigné comme rapporteur.

Dans la séance du 22 mai, le règlement a été arrêté ainsi qu'il suit :

Article premier. — Le Conseil départemental se réunit, sur convocation du Préfet, le premier jeudi de chaque mois, à 4 heures du soir, sauf de juillet à octobre.

Il peut être convoqué en dehors des sessions ordinaires en cas d'urgence.

Un ordre du jour, envoyé à chacun des membres, indique les questions qui seront soumises aux délibérations du Conseil.

Les membres qui auraient des propositions à formuler devront les faire parvenir au Président, huit jours au moins avant la date réglementaire.

Si, au cours de la séance, des questions présentant un caractère d'urgence sont soulevées, elles pourront être discutées, à moins qu'un des membres n'en demande le renvoi soit à la Commission, soit à une séance ultérieure.

Art. 2. — La compétence du Conseil est illimitée dans le domaine de l'hygiène et de la salubrité du département.

Art. 3. — Les membres du Conseil, nommés conformément à la loi, sont répartis suivant leurs aptitudes, en deux grandes Commissions.

Art. 4. — La première Commission, d'hygiène générale et de salubrité, connaît :

A. — Des mesures à prendre pour prévenir et combattre les maladies endémiques, épidémiques et transmissibles des épizooties et des maladies des animaux, de la vaccination, des moyens d'améliorer les conditions sanitaires des populations industrielles et agricoles, de la qualité des aliments, boissons, condiments et médicaments livrés au commerce, des eaux minérales, des règlements sanitaires communaux.

B. — De la désinfection, de la salubrité des ateliers, écoles, hôpitaux, des établissements de bienfaisance, casernes, arsenaux, prisons, dépôts de mendicité, asiles etc., des demandes en autorisation et translation des établissements dangereux, insalubres ou incommodes.

Art. 5. — La deuxième Commission des travaux d'utilité publique connaît de la construction des édifices, tels que écoles, prisons, casernes, ports, canaux, réservoirs, fontaines, halles et établissements de marchés, égouts, cimetières, voiries, etc., du captage de l'adduction et de la distribution des eaux d'alimentation, de l'assainissement des localités et des habitations.

Art. 6. — Le Président du Conseil répartit entre les deux Commissions les questions à l'étude et les rapports à présenter. Selon l'importance de la question, la Commission se réunit pour l'étudier en commun ou son président charge un rapporteur de l'examiner en détail et de présenter un rapport au Conseil qui statuera sur ses conclusions.

Art. 7. — Le Conseil élit une Commission compétente de trois membres, mis à la disposition du Préfet pour être adjoints aux Commissions sanitaires du Département, chaque fois que le besoin s'en fera sentir.

Projet de construction de halles centrales à Alger, rues Baudin et Charras. — Le rapporteur, M. le docteur Raynaud émet un avis nettement défavorable sur le choix de l'emplacement et demande que le projet d'installation lui-même soit soumis au Conseil d'hygiène pour être étudié dans ses détails, avant adoption et mise à exécution.

Après une discussion à laquelle prennent principalement part MM. le Maire d'Alger, admis à la séance à titre consultatif, Trabut, Saliège, Vidal, M. le Préfet et Crespin, l'amendement ci-après, proposé par M. le docteur Saliège, est adopté par 11 voix sur 14 votants :

« Le Conseil de l'hygiène désire, avant d'émettre un avis, connaître les détails de l'aménagement des halles centrales et prie M. le Maire de vouloir bien lui donner à bref délai des renseignements précis à ce sujet. »

Alimentation en eau potable

Le Conseil a donné un avis favorable aux demandes des communes de Novi, Oued-el-Alleug, Coléa, Boghari, Baba-Hassen, El-Affroun, Attafs, centre de Sainte-Monique et Wattignies. Il a renvoyé le dossier de la commune de Palestro, pour complément d'analyse bactériologique.

Règlements sanitaires de 57 communes du département. — Ces règlements ont été approuvés, soit immédiatement, quand ils satisfaisaient aux conditions requises, soit après renvoi pour être complétés, modifiés ou améliorés.

Précautions hygiéniques à prendre au moment du recrutement et au moment du débarquement en Algérie des troupes noires.

Après avoir signalé la prédisposition particulière des nègres à certaines affections (tuberculose, lèpre, peste, fièvre jaune, etc.), et énuméré les nombreuses et graves maladies que pourraient importer ces nouveaux émigrants (trypanosoniase, beriberi, craw-craw, ver-de-Guinée, filaire, ankylostome, fièvre amarylle, etc.), le docteur Raynaud a proposé et le Conseil a adopté le vœu suivant :

« Avant le départ des troupes noires, chacun des hommes devra être minutieusement examiné, et les familles qui les accompagnent devront être rigoureusement choisies.

Débarquement au lazaret de Matifou pour permettre de désinfecter les bagages et éviter l'introduction de germes dangereux pour la Colonie. »

Tuberculinisation des vaches. — M. Claude, rapporteur, a rappelé les vœux déjà émis, sur sa proposition, par le Conseil d'hygiène, sur la surveillance des vacheries, et notamment celui de novembre 1910, relatif à la tuberculinisation. Il a préconisé les désinfections des vacheries avant d'y introduire de nouveaux animaux. Il ne faudrait plus, dit-il, autoriser de vacheries dans la ville d'Alger, et il conviendrait d'exiger un nombre de mètres cubes d'air suffisant pour les vaches laitières. Un service de tuberculinisations s'impose. La tuberculinisation a ajouté M. le docteur Soulié, devrait être renouvelée tous les trois mois, pour avoir un effet certain.

Inconvénients d'abandonner en plein air des animaux morts de maladies transmissibles. — Dans la séance du 21 mai, M. Claude a appelé l'attention du Conseil sur ces inconvénients et insisté pour que l'enfouissement des animaux morts de maladies transmissibles, soit prévu par les règlements sanitaires. Le Conseil a invité M. Claude à rédiger des conclusions fermes pour être envoyées à l'Administration.

Autres affaires soumises au Conseil. — Toutes ont été l'objet d'avis favorables, à l'exception du dépôt d'engrais (demande Raoul Vidal), d'une porcherie (demande Camps) et d'une foudrerie et atelier de construction mécanique (demande Alliez).

ANNEXE

Travaux de la Commission sanitaire de la circonscription Est d'Alger en 1910

La Commission sanitaire de la circonscription Est d'Alger a été réunie quatre fois en 1910, aux dates respectives du 25 février, 10 mars, 31 mai et 7 novembre.

Trente-sept affaires lui ont été soumises. Elles ont été l'objet de rapports, de discussions et d'avis qui révèlent une étude très consciencieuse de chaque question.

Travaux de la Commission sanitaire de Blida (Circonscription Ouest), en 1910

La Commission sanitaire de la Circonscription Ouest a eu quatre réunions. Elle a approuvé les règlements sanitaires présentés par 25 communes, deux projets d'alimentation en eau potable (El-Affroun et Ameur-el-Aïn), deux projets de création d'établissements dangereux ou insalubres (distillerie à Marengo et scierie mécanique à Cherchell), ainsi qu'un projet d'égout particulier à Tipaza.

Enfin, elle a eu à examiner les mesures à prendre pour enrayer, à Blida, un commencement d'épidémie de fièvre typhoïde, d'ailleurs peu grave, et contre lequel le Service de santé militaire avait déjà pris toutes les dispositions utiles, l'épidémie s'étant localisée dans les détachements de la garnison.

Travaux de la Commission sanitaire de l'arrondissement de Médéa

Au cours de l'année 1910, la Commission sanitaire de l'arrondissement de Médéa a eu à s'occuper des eaux de Médéa, de l'alimentation de Boghari en eau potable, des bâtiments de l'Ecole des filles à Médéa, des règlements sanitaires des communes de l'arrondissement, de l'épidémie de fièvre typhoïde qui a sévi à Chellala et d'un commencement d'épidémie de typhus à Boghari.

L'eau potable de Médéa, excellente à son origine, peut être polluée durant le parcours des sources au réservoir, par suite des imperfections de la canalisation. Le rapport de M. le Dr Legrand, médecin en chef de l'hôpital militaire, montre la mortalité considérable due à la fièvre typhoïde chez les militaires européens. Comme cette mortalité est également assez élevée dans la population civile, il a pu en attribuer les causes :

1° A l'eau potable ;

2° Aux mauvaises conditions d'épuration des eaux d'égout ;

3° A certains foyers permanents de typhoïde existant dans la ville.

La question relative à l'alimentation en eau potable de la commune de Boghari a été l'objet d'un avis favorable.

Sur avis de la Commission signalant le mauvais état de l'édifice de l'école des filles, la Municipalité a pris les mesures nécessaires pour assurer la sécurité aux élèves.

Les règlements sanitaires des communes de l'arrondissement ont été adoptées.

L'origine de l'épidémie de fièvre typhoïde à Chellala est attribuée à la pollution des eaux de boisson. Celle-ci est fournie par deux sources : l'une, l'Aïn-Chellala, fournit une eaux excellente, qui, amenée au village par une canalisation en fonte, alimente les maisons européennes, et une borne fontaine. L'autre, l'Aïn-Ouskaria située à environ 500 mètres du village, emprunte une conduite en maçonnerie non recouverte et se déverse ensuite dans des seguias. L'eau se trouve ainsi contaminée par toutes sortes de produits, déjections, ordures ménagères. C'est cette eau polluée qui sert de boisson aux indigènes et alimente également plusieurs bornes fontaines du village.

L'épidémie a atteint 123 persones et déterminé 19 décès ; le ksar de Chellala a fourni 116 cas et 17 décès. Aucun européen n'a été atteint.

Mesures proposées par les Commissions :

1° Construction d'un réseau d'égout pour éviter la contamination de l'eau des seguias ;

2° Donner à tous les habitants de l'eau de l'Aïn-Chellala;

3° Prévenir les indigènes des dangers et inconvénients multiples qu'il y a à consommer l'eau de seguias.

Grâce aux mesures énergiques prises tant par l'autorité supérieure que par l'autorité municipale, l'épidémie de typhus de Boghari a pu être rapidement enrayée.

Travaux de la Commission sanitaire de l'arrondissement de Miliana

La Commission sanitaire de l'arrondissement de Miliana s'est réunie le 12 avril 1910 pour examiner les règlements sanitaires présentés par plusieurs communes de l'arrondissement.

Travaux de la Commission sanitaire de l'arrondissement d'Orléansville

La Commission sanitaire de l'arrondissement d'Orléansville a eu six réunions pendant l'année 1910 au cours desquelles elle a examiné neuf affaires:

1° Six règlements sanitaires des communes des Attafs, Carnot, Cheliff (mixte), Montenotte, Oued-Fodda et Ténès (mixte).

2° Deux projets d'abattoir à Carnot et à Montenotte.

3° Un projet d'alimentation en eau potable pour les centres des Attafs, Saint-Cyprien, Sainte-Monique et Wattignies.

Toutes ces afraires ont été transmises à M. le Préfet d'Alger avec avis favorable.

Le rapport de la Commission constate le bon état sanitaire de la région.

Travaux de la Commission sanitaire de l'arrondissement de Tizi-Ouzou

La Commission sanitaire de l'arrondissement de Tizi-Ouzou a eu six réunions au cours de l'année 1910.

Elle a approuvé les règlements sanitaires des communes de Mirabeau, Tizi-Ouzou, Mizrana, Djurdjura, Dra-el-Mizan, Azeffoun, Haut-Sebaou, Rebeval, Dra-el-Mizan (p. e.), Bordj-Ménaïel, Mekla, Haussonvillers, Fort-National (p. e.), Dellys, Isserville, Camp-du-Maréchal.

Elle a émis un avis favorable à la demande de M. Escalès Jean, tendant à l'autorisation d'installer à Isserville une usine de crin végétal.

Alger, le 4 juillet 1911.

Le Secrétaire du Conseil départemental d'hygiène,

FR. MALOSSE.

www.ingramcontent.com/pod-product-compliance
Ingram Content Group UK Ltd.
Pitfield, Milton Keynes, MK11 3LW, UK
UKHW022144190726
13855UKWH00003B/1334

9 782013 081603